小學趣事多 4

渴望成長的大出奇計

孫慧玲 著　山貓 繪

U0111418

新雅文化事業有限公司
www.sunya.com.hk

常常聽到家長抱怨，給小孩看的中文書太少了，小學低年級尤其如是。有說是因為香港的市場太小，書商沒有出版的誘因，那是商業的視角；也有說是因為中國人傳統，兒童書非要講大人才懂的道理，因此孩子興趣不大，這是文化的視角；也有說是兒童書的故事，要嗎是貓貓狗狗只適合幼兒，要嗎都是他們不熟悉的情景，也不是兒童的意境，那是文學的視角。

商業的維度，難以解決；文化的習慣，也不是朝夕可以改變。然而，文學的領域，倒是作者可以耕耘的廣闊園地。

這套書，就是孫慧玲女士在這方面的開拓。就是兒童熟悉的生活，卻是甚少有人寫的學校片段；可是表達出來，卻是生動活潑，引人入勝的故事。沒有刻意的「講道理」，「道理」卻在其中。希望有更多這樣的作品。

程介明
香港大學榮休教授

贈序二

日本動畫大師宮崎駿先生對童年有以下的演繹：「童年是為了要體會在孩子時候才能夠體會到的事物而存在的。童年時五分鐘的經歷，甚至勝過大人一整年的經歷。」

除了家庭，小學就是孩子度過童年的地方，無論是開心的，不開心的，印象特別深刻的事情，其實都是在小學裏發生的！

《小學趣事多》系列中的幾個故事，我相信，每一天，都在不同校園中發生着，以往如是，現今都是一樣。難得的是，作者用了她的一對童眼，去窺探校園裏面每一個角落，發掘每一天，看似好瑣碎但卻是充滿着童真、好玩、搞鬼的事情，以略帶誇張但又出人意表的情節鋪排，加上細膩的描述，令每一個校園故事在趣味中洋溢着童真、愛和溫情。

這套書，說得上老少咸宜，不但能夠吸引小孩子看，對成年人也很適合，因為小孩子在校園中的件件趣事，迸發出的童真惹笑而煞有介事的言行反應，都能勾起我們自己已經塵封的童年回憶；對小朋友，也絕對能夠引起共鳴，所以我極力推薦給小朋友，亦推薦給家長閱讀。

It's a book too good to be missed.

林浣心 MH JP
英華小學前校長

3

讓兒童文學更好地為兒童成長引路

兒童就是未來，人類的希望寄託在兒童身上。兒童天生好奇，愛不斷探索，創意無限，只有在探索中孕育創意，才能輕鬆學習，不斷超越自己，為未來作更好準備。家長老師要小心保護兒童的好奇心，認真地對待兒童的每一個問題，欣賞兒童每一個探索的行動，更不要讓自己的好奇心泯滅。

兒童文學應發揮表現兒童好奇心和刺激兒童創意的作用。兒童文學作家要永遠懷着一顆不老童心，保持對新事物的敏感性和興趣；要有一雙善於觀察童真童趣的眼睛，捕捉兒童每一個異想天開的意念，發現精彩；善用手上的一枝彩筆，從兒童的角度，寫充滿愛意創意的兒童故事，這樣才能使兒童文學更好地為兒童成長引路。

在此，我要多謝外孫陳駿熙，他自升小學以來，每天放學，總會帶來許多故事。講述故事，有時繪影繪聲煞有介事，有時平平淡淡卻趣味盎然，有時又忿忿不平，甚至滿懷委屈……孩子那表情豐富，洋溢童真的小臉，實在可愛極了！我還要多謝妹妹陳曉嵐，她和哥哥一唱一和，還會加鹽加醋，糾纏不休，智慧鬥一番，讓故事更增添童真童趣。他們口中飛出來奇趣故事，讓我腦海中好玩到不得了的故事藍圖也立即浮現出來，不寫出來跟大家分享，實在浪費！

《小學趣事多》系列四個奇趣校園故事，正是為小朋友而寫：

《玩兵捉賊的神奇結局》：四個小朋友玩兵捉賊，卻引出女廁四腳鬼撞牆的謎團，小學校園真是充滿搞笑式的恐怖驚慄？

《追蹤蟻哥的奇幻旅程》：玩捉迷藏卻變了發現螞蟻；要殺死螞蟻，卻又變成助蟻抗敵；然後又出現了風紀和校長，糟糕了？

《告狀班長的魔法奇緣》：班長威風凜凜，愛「摘名」，愛告狀，討人厭的班長為何變了性情？過程原來會令人看得嘻哈大笑的。

《渴望長大的六出奇計》：每個孩子都渴望長大，陳小熙想擺脫同學和妹妹，進行秘密行動；最後，他的行動卻又怎的變成互助合作的温馨故事？

在此，我要多謝香港大學榮休教授程介明先生，程教授是香港教育的中流砥柱，對教育政策和方法素有研究；有了孫兒之後，程教授更對兒童教育及兒童文學的教育功能，有所注意，得到他肯定和鼓勵，實感榮幸。謝謝。

我要多謝英華小學前校長林浣心女士 MH JP，林校長經驗豐富，以愛心和創意治校，對無論男女學生，她都能夠以自己的童心童眼，發現孩子的資質品性，保護孩子可貴的好奇心。得到她對作品讚美欣賞，十分榮幸。謝謝。

還有，多謝新雅文化事業有限公司董事總經理兼總編輯尹惠玲女士賞識，要出版一些鬼馬調皮創意童趣的故事時，總會想起我，謝謝；還有編輯劉慧燕女士和黃稔茵小姐的用心跟進，謝謝。

希望這套《小學趣事多》，正如林浣心校長所說：

"It's a book too good to be missed."

十分好看，不容錯過，不看是損失！

孫慧玲

目錄

人物介紹

陳小熙

聰明精靈，活潑好動，喜歡上學，渴望獨自探索校園四周。

陳東

性格內向，膽子細小，不太敢說話，但擁有一顆樂於助人的心。

黃晶晶

平易近人，英文成績優秀，常常熱心教導同學英文。

何可人

開朗樂天，不拘小節，外向愛玩，和黃晶晶是出雙入對的好朋友。

第一計
獨自行動

陳小熙升小二了，妹妹陳小嵐也同校升讀小一，使他覺得自己長大了。

讀小二丁班的他，做了一個偉大的決定，想證明自己已經長大了，可以自己作主了。

他計劃做一件自己想做，而且是自己獨立去做的事。

這是他自己的秘密，他要獨個兒去探索，去冒險。

到底陳小熙想做什麼事呢？

今天上課，陳小熙有點心不在焉。他的左手，
一直插在褲袋中，不停地摸着褲袋中的東西。
到底是什麼東西，令他這樣緊張呢？

下課鐘聲響了，接着便是小息，老師才剛剛離去，小二丁的小朋友們已經急不及待地準備衝出課室……

坐在陳小熙隔鄰的陳東，低頭把書收拾好，一抬頭，便發覺小熙已經失去了蹤跡！

發生什麼事？

11

陳東心裏想：難道人有三急？或者肚子痛？急着……

陳東決定去找陳小熙。

好朋友四人組的何可人和黃晶晶，發覺不見了陳小熙，又看到陳東正匆忙地離開課室，立即追着陳東問道：

「喂，陳東，陳小熙呢，為什麼不見了他？我們今天小息玩什麼呀？」

陳東沒理會她們，拔腳跑了，何可人和黃晶晶當然立即在後面追趕。

只見陳東匆匆地走到男洗手間。

何可人和黃晶晶只好在門外焦急地等候着。

「沒有陳小熙的影子，難道他在廁格裏面『辦大事』？」陳東心裏想。

陳東逐一推開廁格的門探看，噢，都沒有人。

陳小熙到底去了哪裏？

第二計
擺脫跟蹤

陳小熙一出課室，便沿着樓梯走下去。

為了這件事，他曾經小心觀察過高年班的同學，小休時，他們許多都會往操場右方那棵大榕樹的後面轉入去，很久都不出來。到出來的時候，人人都笑容滿面，或者手中拿着小袋的東西。

他知道，自己要找的那個神秘樂園，是在操場右方大榕樹後面遠處的某一個角落。

陳小熙站在操場右方大榕樹下，看見兩條小路，一條石卵小路，一條紅磚小路，到底應該選擇哪一條小路才對呢？

就在這個時候，他聽到響亮的叫聲：「哥哥！哥哥！」

是讀小一丁的妹妹陳小嵐！

世事真的有那麼巧？

　　陳小嵐剛剛升上小一，在班中仍未結識到朋友，所以，時常在小息時來小二丁課室找哥哥。

　　今天小息，小嵐走來小二丁班找哥哥，卻遠遠看見他匆匆忙忙地走下樓梯，於是，她便緊緊地跟隨在後。

　　簡直是小女偵探！

　　「哥哥！哥哥！」

　　陳小熙被小嵐嚇了一跳，只好對小嵐說：「哥哥正在找一個地方，小一小朋友是不可以去的，你先去操場，我一會兒再去找你。」

小嵐說：「不要，我要跟着你。」

「那麼，你在這裏等我，我找到那個地方後，便來找你，好嗎？」小熙說。

「哥哥，你褲袋裏藏了什麼東西，可以給我看看嗎？」

聰明的哥哥，當然有聰明的妹妹，小嵐的觀察力，實在高強。

「你不要問，快些去操場椅子上等我，我很快便會來找你的，拜拜。」小熙想丟下妹妹。

妹妹立即擦眼淚，放聲哭了。

探尋路標

「陳小熙，你這麼匆忙，是要去哪裏呀？」

「你怎麼弄哭妹妹呀？」

原來是男風紀王子奇和女風紀孫小玲，自從兵捉賊事件和追蹤蟻哥事件*後，陳小熙和兩位風紀，已經變成朋友了。

「王子哥哥，我……我想找……」陳小熙既神秘又緊張，放輕聲說道。

男風紀王子奇心中暗笑，在小熙身邊蹲下來，說：「你在我耳邊說清楚。」

* 想知道兵捉賊事件和追蹤蟻哥事件，請看本系列第一冊《玩兵捉賊的神奇結局》和第二冊《追蹤蟻哥的奇幻旅程》。

「我想找……」陳小熙說，大氣不敢喘一下。

「你的手一直插在褲袋中，裏面有什麼？」王子奇追問道。

「是……是……我一會兒要用的。」

高年級的男風紀王子奇見陳小熙緊張得滿臉通紅，也不再追問了。

　　小朋友，你們知道小熙褲袋中，到底藏着什麼嗎？

　　「你沿着這條紅磚路前走，先會見到一個粉紅色大雪糕筒，再向前行，便會見到一個橙色大簷篷，就是你要找的地方。」

第四計
拒絕帶引

「我們帶你去，好嗎？」男風紀王子奇說。

人家一片好心，拒絕是很不禮貌的，但自覺已經長大又愛玩迷宮遊戲的小熙，真的想獨個兒去發現。

聰明又通情達理的男風紀王子奇，見小熙面露尷尬、猶豫的神色，明白小熙的心意了，於是對他說：「那好吧，你沿着這條紅磚路走，去找你的夢想樂園吧，你已經是小二生了，我對你有信心，祝你好運。」

　　小熙大喜過望，跳着腳步，沿着紅磚路跑過去。

　　小熙剛剛專心和男風紀王子奇說話，看不到的是，女風紀孫小玲身後藏着一個小人影。

小孩不笨

很快，小熙聽到嘈雜的人聲，接着便看見粉紅色大雪糕筒，然後，橙色大簷篷出現了……

他找到夢想樂園了！

　　小賣部！

　　小賣部前邊有許多人，很有秩序地排着隊，高興地說着話。

　　陳小熙也在其中。

　　小賣部櫃台上，擺滿了各種小零食，小賣部叔叔長得瘦削矮小，笑容滿面，一邊做生意，一邊跟小朋友談笑風生。

「范寶，你這麼胖了，不要吃這麼多薯片吧，今天不如買條香蕉，怎麼樣？」

「史波，你的感冒好了嗎？」

「蔡心，昨天怎麼不見你來哦？」

小賣部叔叔真厲害，好像誰都認識，什麼都知道似的。

小賣部叔叔很友善，不兇惡，太好了！

小熙乖乖地排着隊，輪到他時，叔叔問道：「咦，這位小朋友，以前未見過你的，你讀幾年班，叫什麼名字？」

「我叫陳小熙，二年班。」

小熙的一句話，令小賣部叔叔面露難色，更惹來所有排隊的人的注目。

　　小熙一看，發覺他們好像都是比他高年級的學生。

　　小賣部叔叔若無其事的，繼續問小熙道：「你想買什麼？」

　　小熙說：「我想買一包脆薯片，不要辣的。」

　　小賣部叔叔說：「五元。」

　　小熙漲紅了臉，從袋中掏出一個一元硬幣。

　　「哦，還欠四元呢！」叔叔說。

「我有一元。」

「我有一元。」

「我也有一元。」

我的天！怎麼陳東、何可人、黃晶晶都來了？

看見同學們，小熙感到又尷尬又高興。

只有四元，還欠一元。

小朋友急得團團轉，想找找看誰可幫忙。

　　小朋友最後想出辦法，齊聲哀求小賣部叔叔：
「叔叔，你好人，便宜點賣給我們，好嗎？」

　　叔叔回答說：「這是學校的小賣部，我不是老
闆……」

　　看見小朋友失望的表情，叔叔終於不忍心，說
道：「嗯，好吧，我替你們付一元。」

　　小朋友興奮得拍手笑了。

第六計
播種善良

「叔叔，你太心軟，不但容許二年級的小朋友買零食，更想補貼金錢⋯⋯」說話的是男風紀王子奇。

「下不為例，下不為例。嘻嘻⋯⋯」小賣部叔叔說。

男風紀王子奇旁邊站着女風紀孫小玲，孫小玲背後，是妹妹小嵐！

所有人都來了！

原來學校規定只有三年級或以上的學生才可以去小賣部買東西的！

王子奇掏出一個五元硬幣，對叔叔說：「我買下這包薯片，不用你為難。」

「來，小朋友，我們一起吃薯片去囉，吃完記得飲水哦。」

「王子萬歲！」有零食吃，小朋友又變成高興得又叫又跳。

陳小熙吃着薯片，心裏想：將來我升上高年級，也會對低年級的小朋友，有禮貌，又有愛心的。

妹妹小嵐說：「明年我升小二，我也會來小賣部買零食吃的。」

引得大家哈哈笑起來。

好耶！小學趣事多！

親子共讀思考樂園

親子共讀有竅門

鼓勵孩子閱讀，需要一定技巧。家長可以從「講故事之前」、「講故事時」和「講故事之後」三個階段，掌握親子共讀的竅門。

講故事之前

1 **設立目標：**引導孩子培養品德與閱讀興趣、習慣和能力；

2 **調整心態：**放下一切，放鬆心情，用慈愛、愉悅與耐性來進行親子共讀；

3 **提前預習：**家長、老師自己要先讀過所選故事書；

4 **提前預備：**可以先預備閱讀活動所需工具，例如紙張、顏色筆、布偶等；

5 **不要拒絕和孩子共讀重複的故事。**

講故事時

1 從封面開始，閱讀封面，研究封面，猜測故事；

2 聲情並茂，用孩子熟悉的語言講故事；

3 如有需要，可以稍為省略一些細節描述，維持孩子興趣；

4 一邊閱讀，一邊提問，增進閱讀樂趣和感情；

5 欣賞文字，擴大詞彙量，鍛煉觀察力。

講故事之後

1 利用書後所附親子共讀樂園所設的各類問題，深化閱讀；

2 引導孩子去揣摩和理解故事與人物的心情、情感和思想；

3 不要忘記用白話文朗讀全文，增強孩子的語感；

4 幫助孩子進一步掌握及熟悉字形、詞彙，提升語文能力；

5 和孩子一起演繪本，讓孩子代入故事中的人物，建立情感和同理心。

達至目標：孩子逐漸過渡到自主閱讀

共讀提問貼士

和孩子精讀一本書，關鍵在於提問。

- 提問時，要注意孩子的能力，參照和選擇不同層面的問題來提問。
- 以下問題，只是列舉參考，家長可以按照孩子情況，自行設問。

記憶性問題	• 故事中，誰渴望長大？ • 為了長大，他想出了多少個奇怪的方法？
理解性問題	• 是什麼事情，令陳小熙渴望長大？ • 第一計：小息時，陳小熙為什麼忽然不見了蹤跡？
應用性問題	• 第二計：陳小熙想進行什麼秘密行動？ • 他計劃去哪裏？他知道怎樣去嗎？
分析性問題	• 第三計：妹妹陳小嵐為什麼哭了？ • 第四計：風紀哥哥王子奇有幫助陳小熙嗎？
評估性問題	• 第五計：陳小熙秘密行動為什麼不成功？ • 第六計：風紀哥哥和同學們的加入，表現了孩子性格的什麼優點？
創意性問題	• 你渴望長大嗎？你覺得長大有什麼好處呢？ • 這故事播種了什麼訊息？你喜歡嗎？接受嗎？

小學趣事多④
渴望長大的六出奇計

作　　者：孫慧玲
繪　　圖：山　貓
責任編輯：黃稔茵
美術設計：黃觀山
出　　版：新雅文化事業有限公司
　　　　　香港英皇道 499 號北角工業大廈 18 樓
　　　　　電話：(852) 2138 7998
　　　　　傳真：(852) 2597 4003
　　　　　網址：http://www.sunya.com.hk
　　　　　電郵：marketing@sunya.com.hk
發　　行：香港聯合書刊物流有限公司
　　　　　香港荃灣德士古道 220-248 號荃灣工業中心 16 樓
　　　　　電話：(852) 2150 2100
　　　　　傳真：(852) 2407 3062
　　　　　電郵：info@suplogistics.com.hk
印　　刷：中華商務彩色印刷有限公司
　　　　　香港新界大埔汀麗路 36 號
版　　次：二〇二二年六月初版

ISBN: 978-962-08-7970-8
© 2022 Sun Ya Publications (HK) Ltd.
18/F, North Point Industrial Building, 499 King's Road, Hong Kong
Published in Hong Kong, China
Printed in China